CHRISTIAN DE TROGOFF

DE

L'INSTRUCTION PUBLIQUE

EN· FRANCE

« *Vires acquirit eundo* »

PARIS

PAUL OLLENDORFF, ÉDITEUR

28 bis, rue de Richelieu, 28 bis

1882

CHRISTIAN DE TROGOFF

~~~~~~~~~~~~~~~

DE

L'INSTRUCTION PUBLIQUE

EN FRANCE

« Vires acquirit eundo. »

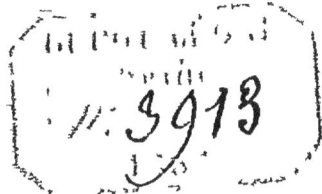

PARIS

PAUL OLLENDORFF, ÉDITEUR

28 bis, rue de Richelieu, 28 bis

—

1882

DE

L'INSTRUCTION PUBLIQUE

EN FRANCE

La question de l'Instruction publique, prise dans sa généralité, peut être considérée sous trois points de vue différents : au point de vue économique, au point de vue politique, et au point de vue social.

PREMIÈRE PARTIE

POINT DE VUE ÉCONOMIQUE

~~~~~~~

La science économique distingue les
services privés et les services publics.
L'instruction nationale doit-elle faire partie de l'une ou de l'autre catégorie? La
création, des établissements, le choix des
méthodes, l'élaboration des programmes,
la formation du personnel, appartiennent-
ils de droit à l'initiative, des particuliers
ou sont-ils une affaire d'Etat? Toute une
école d'économistes applique volontiers à
l'instruction la doctrine du « laissez faire,
laissez passer », sous prétexte qu'elle a
porté d'excellents fruits dans le domaine
industriel. Une première remarque à faire,
c'est qu'elle ne les a portés qu'en son
temps: rien ne démontre qu'un régime
restrictif, que l'intervention la plus active

de l'Etat n'aient pas été nécessaires aux industries naissantes ; or, on accordera bien que si l'enseignement est une industrie, c'est une industrie naissante.

Ce n'est pas trop des efforts collectifs de toute une nation (et l'action d'un gouvernement représentatif n'est pas autre chose) pour donner à cette industrie essentielle tout le développement qu'elle comporte, en lui accordant l'appui dont elle ne peut se passer. Le besoin auquel elle répond n'est ni assez pressant, ni assez général, ni assez constant parmi les individus pour qu'elle naisse et grandisse par le seul jeu des harmonies sociales : harmonies toutes théoriques du reste, et qui sont plus visibles au cœur des optimistes qu'aux yeux des observateurs.

Supposons que l'Etat se désintéresse de l'instruction nationale, est-il bien sûr que le zèle des particuliers compense son abstention ? La demande suscitera-t-elle l'offre à un tel point, que partout les écoles et les maîtres se multiplieront ? Les besoins,

ajoutons si vous voulez les habitudes de la
consommation, activeront-ils la production? Le consommateur, ici, c'est l'ignorant. Il faut déjà quelque instruction pour
comprendre la valeur de l'instruction.
L'instinct de curiosité, si vif qu'il puisse
être, ne saurait être comparé par personne
à l'aiguillon de la faim ou de la soif. On
n'est pas avide de science comme on est
avide de boire ou de manger. En revanche,
si la nature a posé des bornes certaines à
la satisfaction de nos appétits et de nos
besoins matériels, elle a donné une bien
plus grande latitude à nos désirs comme à
notre capacité d'apprendre.

Mais tandis que toute consommation
de richesse matérielle est une jouissance,
ce n'est qu'à force de peine que la
consommation intellectuelle cesse d'être
une peine. Il n'est pas de maître qui
n'ait eu souvent l'occasion de dire à un
écolier paresseux ou récalcitrant : « Ce
n'est pas pour moi que vous travaillez,
c'est pour vous-même. » Voilà certes un

raisonnement que n'a pas lieu de tenir le
pâtissier qui vend des gâteaux à ce même
enfant. Que le travail puisse être rendu
plus ou moins attrayant, que la science
présente un front plus ou moins aimable,
la chose importe assez peu au fond même
de la question. Il est trop clair que l'éducation est une violence faite à la nature.
L'enfant doit transformer en tension cérébrale cette vie qui ne demanderait qu'à se
dépenser en exercices physiques. Ce n'est
que peu à peu qu'il devient apte à conce-
voir l'utilité des efforts que l'on exige de
lui ; et telle est même la persistance des
premières impressions, que bien rarement
il ne conserve pas au fond du cœur une
certaine rancune à l'égard de ses premiers
bienfaiteurs. De là, même chez des hommes mûrs, un plaisir innocent du reste,
mais bien significatif, à se remémorer « les
plus belles années de leur vie, » non par
les leçons dont ils ont assez profité pour
pouvoir les oublier, mais par les farces de
collège et les plaisanteries enfantines,

toujours spirituelles à distance, avec lesquelles ils ont acquitté leurs frais d'étude.
La Bruyère parle de ces nourrissons gras
et drus du lait qu'ils ont sucé, et qui bat-
tent leur nourrice ; mais, c'est exubérance
de forces, non esprit de·vengeance et de
représailles.

Sans doute, la raison, nous dit ce que
nous devons à nos maîtres : mais notre
imagination restée jeune ne nous rap-
pellera guère que leurs ridicules, la ver-
rue de l'un et l'habit râpé de l'autre.
Nous leur attribuons volontiers un pédan-
tisme qui existe cependant tout autant,
mais que nous apercevons moins, chez
l'avocat qui parle procès, chez le médecin
qui parle malades, chez le journaliste qui
cause politique, chez tous ceux en un mot
qui, possédés par leurs préoccupations de
métier, nous en assomment charitable-
ment. Par une contradiction qu'explique
seule une instinctive malveillance, nous en
voulons aussi au professeur homme du
monde, de ne pas se·conformer au type

ridicule du pédagogue gourmé, dont nous
aimons tant à nous moquer. Nous ne nous
réjouissons pas de trouver un homme là
où nous croyions ne trouver qu'un maître
d'école ; nous en sommes au contraire un
peu déconcertés, et nous avons vite fait
de dire en pareil cas qu'il manque de la
gravité professionnelle. Il serait étrange,
en vérité, qu'un cuistre ne sentît pas le
cuistre !

Cette rapide analyse des sentiments de
l'écolier et de beaucoup d'hommes faits
qui, par un côté, sont encore, qu'ils s'en
doutent ou non, des écoliers ; ces protes-
tations tant de fois rééditées depuis Mon-
taigne contre les bourreaux et les geôliers
de la jeunesse, des livres comme l'*Ane* de
Victor Hugo, ou le *Jacques Vingtras* de
Vallès, témoignent une telle vivacité de
ressentiment, et, malgré de justes critiques,
une telle sincérité d'ingratitude, que nous
sommes forcés de reconnaître à l'*industrie*
de l'enseignement ce caractère singulier,
d'être une industrie détestée. Aussi l'in-

dustriel est-il obligé à un genre de charla-
tanisme tout à fait spécial. Loin d'étaler
orgueilleusement sa marchandise, il doit
la dissimuler le plus possible. Il faut qu'il
déclare, et il sait bien le contraire, que le
travail est attrayant, que l'enfant n'a pas
autre chose à faire qu'à manger le repas
intellectuel qu'on lui offre ; les mets sont
variés, la digestion se fait toute seule.
Tout est si bien assaisonné que l'eau vient
à la bouche avant, et qu'après on se lèche
les lèvres. Le dessin s'apprend en dix
leçons et l'italien en vingt-quatre heures,
beaucoup plus vite que la langue mater-
nelle. Les jésuites sont passés maîtres
dans cet art de dorer la pilule, qu'il s'a-
gisse de science ou de morale. La vérité
est que si la science était facile, elle serait
chose vile. On rirait au nez d'un acrobate
qui soutiendrait qu'il a toujours marché
naturellement sur la corde raide, et qu'il
fait le saut périlleux de naissance. Par
quelle aberration veut-on rendre commode
et agréable la gymnastique cérébrale, lors-

que l'expérience universelle montre qu'il
est plus aisé de faire d'un enfant un clown
qu'un homme éclairé ? Dans l'une comme
dans l'autre éducation, la force est nécessaire, au début, pour obtenir l'effort. Puis
l'habitude, la vanité, l'émulation, l'intérêt
personnel, la passion viennent à la res-
cousse ; et le même homme qui maudit
encore les maîtres de son enfance, admire
et applaudit ceux de son âge mûr, que
sans la férule des premiers il n'aurait
jamais compris.

Lorsque le public est à même d'apprécier ce qu'il achète, on peut compter sur
les effets de la concurrence commerciale.
Qu'il s'agisse par exemple d'une étoffe,
les uns la voudront belle ou durable, les
autres bon marché, l'industrie satisfera
tous les besoins, tous les goûts, tous les
caprices. Mais l'instruction échappe par
sa nature aux appréciations économiques.
Elle ne consiste pas, en effet, en un certain nombre de connaissances, bien clas-
sées et dûment numérotées, parmi les-

quelles chacun puisse faire son choix pour son argent. Elle dépend plus de l'intelligence et de la volonté du consommateur, c'est-à-dire de l'élève, que des mérites du producteur, c'est-à-dire du maître. C'est par là qu'elle se distingue nettement de tous les autres services. L'éloquence de l'avocat supplée à l'inexpérience du client, l'habileté du médecin rend la santé au malade ; il n'en va pas de même du savoir du maître, par rapport à l'ignorance de l'écolier. On n'a pas encore trouvé le moyen de garnir les « cases du cerveau » comme on garnit les rayons d'une bibliothèque : malheureusement, c'est encore là l'idéal de trop de gens. Il est mille fois plus simple d'abuser de la mémoire d'un enfant, que d'éveiller son intelligence ; de dresser un perroquet, que de faire un homme.

La mnémonique serait la pierre philosophale de l'enseignement abandonné à la libre concurrence. Il peut se faire qu'à la longue l'esprit public se défasse de ses préjugés en matière d'éducation, mais ce sera là un résultat de l'éducation elle-même, à la condition qu'elle soit bien dirigée. En attendant, nous continuerons à entendre des bébés réciter une fable de La Fontaine ou des strophes de Lamartine, dont ils ne comprennent pas le premier mot, et à complimenter perfidement sur l'intelligence de ces petits prodiges des mamans qui, si elles avaient été elles-mêmes sainement élevées, rougiraient de présider à une pareille exhibition. La règle du commerce est que le marchand contente l'acheteur : la règle de l'enseignement est que l'élève contente le maître. Elle n'est pas toujours (il s'en faut de beaucoup) que le maître à son tour contente les parents. Eclairés lorsqu'il s'agit d'eux mêmes ou d'étrangers, avec quelle facilité ne s'aveuglent-ils pas sur leur propre progéniture. Que d'abus, si le maître dépendait absolument des parents ! L'éducation risquerait fort de perpétuer, peut-être même d'exagérer les gâteries maternelles.

La règle de l'industrie est de rechercher le milieu le plus favorable à son développement. Si, par exemple, l'industrie des transports par chemins de fer avait été livrée à l'initiative des particuliers ou des sociétés sans aucun contrôle de l'Etat, sans aucune direction supérieure, il est incontestable que les régions les plus peuplées de la France, les centres de production les plus importants, auraient attiré les capitaux, stimulé la concurrence, multiplié les entreprises, à l'exclusion et peut-être aux dépens des pays les plus pauvres, les moins fertiles, les moins actifs, les moins peuplés. L'eau serait, comme on dit, allée à la rivière.

Il s'est trouvé au contraire que l'Etat, ayant eu et gardé la haute main sur les Compagnies de chemins de fer, que l'impôt public ou les obligations avec garantie d'intérêt ayant fourni les neuf dixièmes des capitaux, les pays les moins favorisés de la nature n'ont pas été sacrifiés. L'industrie privée n'aurait desservi que les

2

directions les plus rémunératrices, n'aurait recherché que les conditions les plus
faciles d'établissement; l'industrie publique a percé le plateau central, « ce
pôle négatif de la France, » elle a pu ne
jamais perdre de vue ces deux grandes
choses : la solidarité et la défense nationales. Elle a suscité des centres de population, des manufactures, des exploitations
agricoles ou minières dans des terres,
autrefois désertes, et qu'aurait laissées
dans leur dénuement la libre concurrence
des égoïsmes privés.

Tout ce qui vient d'être dit de la circulation matérielle s'applique exactement
à la circulation intellectuelle. L'industrie
privée de l'enseignement aurait, en fait,
une tendance nécessaire et naturelle à
rechercher les milieux les plus riches et
les plus peuplés à l'exclusion des milieux
les plus pauvres et les moins habités. Il
ne s'agit pas pour elle de répandre partout
la science, dans les terrains maigres, stéri-
les et rocailleux, comme dans les champs

les plus gras et les mieux amendés, mais
bien de faire un choix, qui ne saurait être
douteux, entre de bons et de médiocres
résultats, entre de petits et de gros reve-
nus. L'Etat seul a les moyens d'ensemen-
cer, sans être uniquement préoccupé de
l'abondance ou de la qualité de la récolte.
L'industrie privée de l'enseignement se
disputerait, et pas toujours avec des
armes courtoises, les domaines les plus
productifs ; elle négligerait ceux dont le
sol est dur à cultiver, et ne rend que peu
de chose en échange de beaucoup de
travail. Entre deux enfants, l'un, beau,
fort et intelligent; l'autre, laid, maladif et
borné, vous et moi nous préférerons le
premier ; et cependant. leur mère les
aime l'un et l'autre, et si elle est digne de
ce nom, ses soins,. ses caresses, son
dévouement iront plutôt du côté de sa
pitié et de sa douleur, que du côté de son
orgueil et de son espérance (1). La patrie

· (1) Les *Mémoires et les Lettres dè Mme de Réhusat*,
dans. les passages. où elle parle de ses.deux.fils.

est cette mère, dont l'amour ne se porte pas sur qui peut le mieux la payer de retour, mais sur qui a le plus besoin d'être aimé.

La règle de l'industrie est aussi de produire avec le moins de frais possible. Si nous examinons à quels éléments de valeur répond la légitime rémunération du maître, nous nous trouvons en présence d'un problème non purement économique, mais économique et psychologique à la fois. L'élément économique, c'est le temps journellement dépensé par le maître au service de l'enfant. Mais c'est ici surtout que le temps ne fait rien à l'affaire. L'important est que le maître sache, et qu'il sache enseigner. Cette aptitude professionnelle représente le capital engagé : même quand il s'agit des notions les plus élémentaires, elle ne saurait être trop grande. Elle est en partie due à la nature, mais elle résulte surtout du travail accumulé. La libre concurrence aurait pour effet de la réduire au strict nécessaire :

les maîtres seraient, suivant le mot de
M. Bersot, « des machines à faire des
machines. » Telles seraient les consé-
quences d'une conception purement économique de l'enseignement. On objectera
que l'intérêt des familles, de la société,
s'opposerait naturellement à cette déca-
dence. Pour se convaincre du contraire,
on n'aurait qu'à passer une journée dans
un de ces établissements énergiquement
dénommés « les boîtes à bachot ». Ils sont
les produits directs de l'intérêt des familles,
ils en sont les chefs-d'œuvre. D'un gar-
çon incapable et inerte, ils font en
un an un bachelier. Jamais cafetier qui
frelate ses liqueurs, jamais maquignon
qui rajeunit ses chevaux, jamais vieille
coquette qui peint son visage ne sont
arrivés à de pareils prodiges de sophisti-
cation. Loin d'être suspects aux familles
et repoussants pour la jeunesse, de tels
procédés sont accueillis avec empressement, et sont à peu près certains du
succès commercial : les résultats sont

garantis, comme vous pouvez le lire tous les jours dans les annonces entre l'Eau-de Jouvence et la Crème de Ninon.

Il faut considérer aussi que dans une société où le culte de l'argent n'est que trop répandu, ce serait un véritable danger si l'esprit de lucre dominait l'enseignement, comme il domine le commerce. Il faut au maître des mobiles plus élevés, comme il faut à l'enfant de plus nobles exemples. Ne voyons-nous pas l'appât du gain dégrader la littérature ? N'avons-nous pas entendu tel écrivain défendre ses propres ouvrages en exposant au lecteur le compte de ce qu'ils lui avaient rapporté ? Il est vrai que c'était encore la meilleure apologie qu'il pût en faire. Mais il ne faudrait pas que ces arguments sonnants pussent avoir le moindre crédit, lorsqu'il s'agit de l'éducation de la jeunesse, ni qu'au lieu de s'informer si un maître a un véritable mérite, on demandât : « Combien gagne-t-il ? ».

Un des grands bienfaits de l'enseigne-

ment organisé par l'Etat, c'est de faire
du maître un fonctionnaire public, à l'abri
des vicissitudes et des nécessités com-
merciales, de le maintenir au-dessus des
injustices et des caprices de l'opinion, de
défendre la modestie utile et conscien-
cieuse contre la réclame tapageuse et
charlatanesque, enfin de prémunir les
familles contre une exploitation et contre
les entraînements dont seraient victimes
les jeunes générations. On ne peut plus
objecter l'exemple de l'Angleterre qui,
sortant de son libéralisme aristocratique,
inscrit depuis plusieurs années plus de
cent millions de francs à son budget an-
nuel de l'instruction publique. Si la république américaine, si la république helvé-
tique n'ont pas à proprement parler un
enseignement d'Etat, la chose tient à leur
forme fédéraliste qui laisse aux trente-huit
Etats de l'une et aux vingt-deux cantons
de l'autre, les attributions scolaires dont
nous n'abandonnons qu'une faible partie
aux départements et aux communes. Sur

notre frontière du Nord, nous voyons la
Belgique faire les plus louables efforts
pour réparer la faute qu'elle avait com-
mise en se désintéressant, au profit d'un
clergé fanatique, dont le patriotisme n'a-
vait brillé que contre les calvinistes de
Hollande, du soin d'élever les jeunes générations conformément aux principes des
sociétés modernes.

La même œuvre, non moins ardue, se
poursuit en France. Bastiat remarquait
déjà finement, dans ses pamphlets économiques, que chez nous l'alternative n'était
pas entre l'enseignement libre et l'enseignement national, mais entre deux mono-
poles, l'un ancien, celui de l'Eglise, l'autre
nouveau, celui de l'Etat. C'est dire qu'au
fond pas plus l'Etat que l'Eglise, ni l'Eglise
que l'État, ne peuvent être pour la libre
concurrence en matière d'enseignement.
Les arguments tirés de la liberté ne seront
jamais, de la part du clergé, que des arguments de circonstance; et si l'Etat, de son
côté, peut laisser une place à l'enseigne-

ment libre, c'est à condition que celui-ci n'entre pas en guerre contre l'Etat, qu'il se conforme à l'esprit général de la nation et des lois qu'elle s'est données.

DEUXIÈME PARTIE

POINT DE VUE POLITIQUE

~~~~~~~~~

La question de l'Instruction publique devient ainsi la première des questions politiques. « Plusieurs choses, dit Montesquieu, gouvernent les hommes : le climat, la religion, les lois, les maximes du gouvernement, les exemples des choses passées, les mœurs, les manières, d'où il se forme un esprit général qui en résulte. A mesure que dans chaque nation une de ces causes agit avec plus de force, les autres lui cèdent d'autant (1) ». Une nation dont l'esprit général s'obscurcit voit diminuer et sa force de résistance ou d'expansion, et le patriotisme de ses citoyens.

─────────────

(1) *Esprit des lois*, Livre XIX, chapitres IV, V, VI, VII.

En France, la civilisation matérielle et morale a triomphé des différences de climat ; l'histoire a, pour ainsi dire, vaincu la géographie : le provincialisme n'est plus qu'un élément de variété, non de division, et si l'unité française a pu, peut encore être entamée par des causes extérieures, elle n'a point, à proprement parler, d'ennemis avoués et conscients à l'intérieur. S'il existe des fédéralistes, ils le sont pour toute la France, et non pour leur province ou pour un ensemble de provinces ; s'il existe des communalistes, ils le sont pour toutes les communes, et non chacun spécialement pour la sienne. En un mot, c'est au pouvoir central que l'on demande la décentralisation ; et les doctrines les plus particularistes, comme les plus autoritaires, font appel à l'esprit général et requièrent une application générale. Il est possible qu'il y ait contra-diction entre l'objet poursuivi et les moyens préconisés. Cette contradiction même ne démontre-t-elle pas l'indestruc-

tible force de l'unité française, au point
de vue territorial? Mais il faut avouer
qu'au point de vue moral et intellectuel,
« la religion, les lois, les maximes du
gouvernement, les exemples des choses
passées, les mœurs, les manières, » sont
loin de former un tout harmonieux et
d'apporter leur juste part respective à
l'esprit général.

L'Anglais, le Prussien, l'Espagnol, le
Russe, le Turc ont incorporé pour ainsi
dire l'essence de leurs religions nationales
dans la constitution de leurs gouvernements politiques. Dieu est le premier
mot de l'hymne national anglais. Pour
Dieu et pour la Patrie, est la devise de
l'armée allemande. Le roi d'Espagne est
très catholique. Le tzar est le père spirituel de ses sujets. Le Sultan est le premier sujet du Coran. Seules, la France et
l'Italie ont dû briser avec la religion
d'Etat : l'une pour accomplir son œuvre
d'unité et d'égalité sociales, l'autre pour
conquérir, avec sa capitale naturelle et

historique, son unité territoriale. Il ne s'agit, ni pour l'une ni pour l'autre, d'extirper le catholicisme, il s'agit de l'absorber dans l'esprit général. L'Italie, par cela même que pendant tout le cours de son histoire elle a dû considérer dans le souverain pontife le caractère politique, est peut-être mieux préparée que nous à séparer la question spirituelle de la question temporelle. L'Italien qui adore sa madone, sait aussi la mettre en pièces lorsqu'elle ne l'exauce pas. Le sentiment religieux français n'a point de ces brusqueries superstitieuses. De plus, les catholiques français ont toujours été plus touchés par le caractère spirituel que par le pouvoir temporel de la papauté ; celui-ci a été défendu moins pour lui-même que comme le *substratum* indispensable de celui-là.

Depuis le Concordat de François Ier jusqu'à celui de Napoléon, c'est-à-dire pendant trois siècles, le Saint-Siège a laissé périmer, par des concessions successives, ses prérogatives politiques, administratives, financières, juridiques, et a fortifié de plus en plus son autorité spirituelle. Louis XIV sort-il vainqueur de la question de la régale, trois ans après, il révoque l'édit de Nantes. Le premier consul reste-t-il maître de la nomination des évêques, de l'administration ecclésiastique, de la police du culte, trois ans après, l'empereur élu se fait sacrer, et la *grâce de Dieu* sanctifie (1) la volonté nationale. Le clergé bénit-il, en 1848, les arbres de la liberté, deux ans après, une Assemblée sortie du suffrage universel lui livre la moitié de la jeunesse française, par l'abolition du monopole universitaire.

« Cherchez d'abord le royaume de Dieu, dit l'Evangile, et le reste vous viendra comme par succroît. » L'Eglise n'a pas toujours suivi ce précepte. Elle s'était

---

(1) Inutile de faire observer que nous n'exprimons pas ici notre opinion, mais celle du catholicisme. Littré. *Le Catholicisme suivant le suffrage universel (Revue positive).*

3

matérialisée pendant le moyen-âge dans
la féodalité, jusqu'à ce que la Réforme fût
venue l'avertir ; pendant les temps modernes, dans la monarchie de droit divin
jusqu'à la Révolution de 1789. Mais de
nos jours, après diverses tentatives d'action politique, elle a fini par consacrer
tous ses efforts à la domination des âmes,
disons mieux, des individus ; elle a repris
par le détail, par l'enseignement, par la
prédication, par la direction, quelquefois
aussi par la captation, l'œuvre qu'elle ne
pouvait plus poursuivre avec l'assenti-
ment ou la complicité de l'Etat. Notre
siècle, en plein pays catholique, a vu
renaître les missions, les plantations de
croix, les pèlerinages, les miracles, tout
l'appareil religieux qui avait entouré la
naissance même et la propagation du
christianisme dans les contrées les plus
barbares et parmi les peuples les plus
crédules. La bourgeoisie résista, tant
qu'elle vit dans l'Eglise une rivale politique, une alliée des Bourbons et de la

noblesse. Le suffrage universel, qui ren-
versa la monarchie de Juillet, fit plus
pour la conversion de la bourgeoisie que
l'éloquence des Lacordaire et des Monta-
lembert. L'Eglise, qui avait recueilli les
vaincus de 1830, ouvrit les portes toutes
grandes à ceux de 1848 ; et l'empire vint
mettre le sceau du despotisme militaire
sur le sépulcre de l'esprit français.

« Il est dangereux de rendre les hommes
trop savants, » écrivait le cardinal Pole
au pape Léon X. Telle est, tantôt professée
avec éclat, tantôt pratiquée avec ménage-
ment, la doctrine de l'Eglise catholique
depuis le commencement du XVIᵉ siècle.
Est-ce donc que plus les hommes savent,
moins ils sont disposés à croire? L'Eglise
n'est pas assez imprudente pour avouer
une telle antinomie. Avec Leibnitz, elle
vous répondra qu' « un peu de science
éloigne de la religion, et que beaucoup de
science y ramène. » Si la science est en
désaccord avec la théologie, c'est parce
que la science est imparfaite ; c'est aussi

parce qu'elle est orgueilleuse d'elle-même :
superbia scientiæ ; c'est enfin parce que
les plus mauvaises passions lui demandent
des arguments contre Dieu, afin de pouvoir rejeter le joug de la morale.

Il est curieux de voir quelle floraison
d'idées fausses, inexactes, injustes est née
de ces principes sophistiques, quel parti en
ont tiré non seulement l'aveugle fanatisme
(il compte de moins en moins) mais aussi la
légèreté mondaine, la paresse bourgeoise;
la crédulité populaire. C'est un lieu com-
mun dont les oreilles sont à chaque instant
rebattues, que les moqueries contre les
demi-savants et la demi-science. Où sont
donc les savants complets ? Où est donc la
science entière ? L'usage a établi une sorte
de synonymie souverainement absurde,
mais essentiellement catholique, entre la
demi-science, et l'ignorance présomp-
tueuse. S'il n'est pas un ignorant qui ne
dépasse à tout moment ses limites, il n'est
pas un vrai savant qui ne les connaisse et
ne s'y arrête. Littré et Renan tendent la

main à Descartes et à Socrate. Mais il est entendu qu'un curé de village sait tout, puisque le pape est infaillible. On abuse indignement de l'admirable modestie des vrais savants pour humilier au nom de Dieu la science humaine : « Mieux vaut, proclame-t-on, ne rien savoir, que de savoir à moitié. » C'est l'axiome favori du scepticisme élégant. Si vous faites observer que celui qui sait à moitié peut encore apprendre, et arriver à savoir aux trois quarts, votre bon sens sera généralement peu goûté et l'on vous regardera comme ne sachant pas, vous, ce que parler veut dire. Soyons logique, cependant.

Méprisez-vous un honnête homme, parce qu'il n'est pas un saint ? un peintre de talent, parce qu'il ne vaut pas Raphaël ? un homme d'Etat parce qu'il n'égale pas Richelieu ? Les millions d'un Rothschild vous remplissent-ils de dégoût pour les misérables qui n'ont que cinquante mille livres de rente ? Non sans doute. Il est donc superflu de déclamer

contre la demi-science, la seule à laquelle
l'humanité puisse aspirer. Ce sont, au
reste, les mêmes adversaires hypocrites
de l'instruction populaire qui, notons-le
en passant, sitôt qu'il est question de
l'éducation des jeunes filles, prennent
pour devise le mot d'Henriette dans les
Femmes savantes.

Il est bon qu'une femme ait des clartés
de tout, et défende, au nom de la grâce
féminine, que l'on aille jamais au delà.
Si la demi-science est funeste au sexe
fort, il paraît qu'elle convient parfaitement au sexe faible. Elle inspire à l'un la
présomption ; elle conserve à l'autre sa
parure de modestie et d'innocence. Elle
fait des pédants, mais jamais des pédantes.
C'est là un mystère providentiel : incli-
nons-nous.

Une autre façon de déconsidérer la
science est de la représenter comme inutile à la vertu, et comme incapable de
fournir à la morale un fondement solide.
Il est certain que son objet propre est *ce*

qui est, non *ce qui doit être*. Mais à qui
fera-t-on croire que la première étude soit
indifférente à la seconde, ou opposée ? Il
faudrait alors désespérer de tout progrès.
L'historien peut nous montrer les peuples
les plus faibles écrasés par les plus forts,
il n'est aucunement forcé de conclure que
cela soit bon et juste. Il peut être du côté
des Indiens d'Amérique contre les Espa-
gnols, du côté des Polonais contre les
Russes. Quand la science ne ferait que
constater, dans ce qui est, les obstacles à
ce qui doit être, elle rendrait par là même
de signalés services à la morale. Mais elle
fait plus, elle renverse ces obstacles. Le
médecin hygiéniste qui règle avec sagesse
l'éducation physique d'un jeune enfant, le
moralise certainement plus que le curé
qui lui fait réciter le décalogue. Un écrivain délicat (trop délicat) se moque de la
morale fondée sur les sciences naturelles :
« Rien n'est moins moral que la nature.
Elle nous offre le spectacle de la bataille
pour la vie, de la concurrence vitale sans

trêve et sans merci ; elle nous montre la
perpétuelle et fatale victoire de la ruse
sur la candeur, de la force sur la faiblesse,
et les cris des victimes ne déconcertent
jamais son impassible ironie. Mangez-
vous les uns les autres, — telle est sa
devise ; d'où il est permis d'inférer qu'il y
a dans la morale quelque chose qui
dépasse la pure nature (1). » Certainement,
il y a dans la morale humaine quelque
chose qui dépasse la nature animale. Mais
il n'est défendu, ni au poète, ni au savant,
d'admirer le dévouement maternel d'une
poule à ses poussins, la fidélité d'un chien
à son maître. On peut rêver à la république de Platon devant une ruche
d'abeilles ou devant une fourmilière. Les
religions ont beau, chacune à sa façon,
accaparer la morale : elle ne leur appar-
tient guère que par le droit du premier
occupant, droit qu'ont fortifié à la fois les
habitudes des peuples, et l'*aristocratisme*

---

(1) *Revue des Deux Mondes,* 1er oct. 1881, p. 696.

de la science. Qui veut aller au fond des choses voit bien les religions vivre de morale, mais non la morale vivre de religion.

Le christianisme s'est servi de la morale pour chasser les dieux du paganisme, qui, après avoir personnifié des forces ou des phénomènes naturels, avaient fini par être regardés comme donnant l'exemple de tous les crimes et de tous les vices. La même morale, entre les mains de la Réforme, a flétri le célibat des prêtres, les scandales de la vie monastique, la vente des indulgences, l'abus des pratiques dévotes. C'est au nom de la morale publique que la Révolution française a mis un terme à l'extension des biens de main-morte, et rendu à la nation ce que lui avait ravi une superstition plus que dix fois séculaire. La même morale, respectueuse avant toute chose de la liberté, a rompu avec la religion d'Etat. Elle s'est dégagée avec énergie du réseau de cas de conscience et de subtilités où

l'avait enserrée le jésuitisme. Enfin, elle
défend contre les doctrines ultramontaines
l'amour et l'existence même de la patrie.

Dans les pays méridionaux, en Italie,
en Espagne, le catholicisme, grâce à la
complicité du climat et à d'autres circons-
tances, a pu s'opposer avec succès à la
diffusion de l'enseignement populaire. Son
ignorance et son inertie ont presque suffi.

Dans notre pays, touché par la Réforme,
remué par la philosophie du xviiie siècle,
profondément remanié par la Révolution,
le clergé a dû fort souvent changer de
tactique et de doctrine en matière d'instruction. Il a cherché à se rendre maître
de l'enseignement moins parce qu'il s'est
converti sincèrement à la nécessité et à la
légitimité du progrès intellectuel, que
dans un dessein de domination politique
et afin de faire, pour ainsi dire, « la
part du feu. » Dans l'enseignement des-
classes nobles ou bourgeoises, il a donné
une énorme prépondérance à l'étude des
langues mortes sur celle des faits réels,

phénomènes de la nature ou événements
de l'histoire. Au xviie siècle, le latin clas-
sique avait presque entièrement chassé la
littérature grecque, si cultivée à l'époque
de la Renaissance, et qu'il fallut tous les
efforts de Port-Royal pour remettre en
honneur. Poursuivant cette œuvre de ré-
trécissement de l'esprit humain, le jésuitisme ramena les humanités à des exercices écrits de prose ou de versification
latines, où l'imitation et la servilité
triomphent puérilement au moyen de procédés mécaniques, d'expressions toutes
faites, de centons soigneusement collec-
tionnés. Quant à la philosophie, elle est
réduite à la logique ; l'observation psychologique, la synthèse métaphysique
donnent à l'esprit trop de précision et de
hardiesse. L'histoire tout entière est
forcée, bon gré mal gré, de graviter autour
du calvaire, conformément à la rhétorique
de saint Augustin et de Bossuet (1) ; ou

(1) *Cité de Dieu.* — *Discours sur l'histoire universelle.*

bien elle se perd dans l'érudition anonyme des bénédictins, accumulant les matériaux, n'osant et ne pouvant rien construire. Quoi d'étonnant si de Rabelais à Voltaire, le mouvement des idées a lieu en dehors de l'Église, et presque toujours contre elle!

· Le catholicisme eut en France la singulière illusion de penser qu'il n'avait d'autre ennemi que la Réforme. Aussi, avant d'obtenir contre elle le funeste édit d'octobre 1685, s'attaqua-t-il avec énergie et constance à l'enseignement protestant : « Défenses sont faites aux consistoires et synodes de censurer ni autrement punir les pères, mères et tuteurs qui envoient leurs enfants ou pupilles aux collèges et écoles des catholiques, ou qui les font instruire par des précepteurs catholiques. » — Défense d'établir des écoles protestantes hors des lieux d'exercice, et d'y enseigner autre chose que « lire, écrire et l'arithmétique tant seulement (1). » Au

---

(1) Il est évident qu'il faut entendre : défense d'y donner *l'enseignement religieux*. Le rappro-

lendemain de la révocation, les intendants
publient l'ordonnance suivante : « Nous
faisons défense à toutes personnes de l'un
et de l'autre sexe, de tenir école, ou d'aller
enseigner la jeunesse, sans avoir préala-
blement obtenu permission de M. l'Evêque
dans le diocèse duquel ils seront, à peine
de cinq cents livres d'amende, au paie-
ment de laquelle les contrevenants seront
contraints par vente de leurs biens,
meubles et immeubles, et emprisonnement
de leurs personnes (1). » C'est par milliers,
qu'il faut compter les rapts d'enfants pro-
testants à leurs familles. A sept ans, ils
étaient supposés avoir l'âge de raison et
être capables de choisir entre Calvin et le
pape. La façon dont l'Église a compris
chez nous, au XVIIe siècle, « la liberté des
pères de famille », ne lui permet guère de
prononcer aujourd'hui cette grande parole

chement s'impose avec les prétentions actuelles.
— *Déclarations royales* du 2 avril 1666 et du
19 août 1669.

(1) *Ordonnance de Languedoc,* 26 octobre 1685.

sans hypocrisie où sans remords. Il n'a
pas semblé jusqu'ici que le remords fût
bien vif ; profonde doit être l'hypocrisie.

Que fit l'Église catholique du monopole
de l'enseignement populaire ? Ses devoirs
étaient d'autant plus étendus qu'elle avait
tous les droits. Elle oublia le mot du
Christ : « *Ite et docete.* » Elle ne fit d'effort
général ni pour propager, ni pour orga-
niser, ni pour perfectionner les écoles de
villages. Si les communes étaient obligées
de loger le curé et de réparer les églises à
leurs frais, on ne voit nullement qu'en revanche le clergé, malgré ses 300 millions
de revenu (qui vaudraient aujourd'hui un
milliard), se soit beaucoup préoccupé de
former des instituteurs et d'élever des
écoles. Il y eut des tentatives individuelles,
on ne voit pas que les assemblées générales
de l'Ordre, qui avaient lieu légalement et
régulièrement, aient rien fait pour encou-
rager ces tentatives ou pour les coordonner.
Cette défiance incurable contre l'instruction populaire était d'ailleurs instinctive-

ment partagée par la noblesse et par la
bourgeoisie. L'ignorance du peuple ne
paraissait-elle pas la garantie des privi-
lèges et des abus ? Aussi le premier mot
de la Déclaration des droits de l'homme et
du citoyen est-il une protestation contre
« *l'ignorance*, l'oubli ou le mépris des
droits de l'homme. »

Il n'est pas difficile de citer, dans les
ouvrages scolaires de la Révolution, des
morceaux d'un ridicule plus ou moins
achevé, d'une emphase plus ou moins
grotesque, d'un style plus ou moins outré.
M. A. Duruy s'est donné ce plaisir dans
un récent ouvrage ! Il ne serait que juste
de noter que les auteurs des catéchismes
civiques, alphabets des sans-culottes, etc.,
sont moins des maîtres désireux de répandre l'enseignement populaire, que des
patriotes faisant leur cour à la Convention;
peut-être même parfois des timorés qui
par l'exaltation de leurs écrits, veulent se
prémunir contre la loi des suspects. Il en
fut du programme scolaire comme du pro-

gramme politique de la Révolution. Plus
la conception fut profonde, plus l'exécution devait demander de temps et d'expérience. On aura beau compulser les archi-
ves, épiloguer sur les détails, multiplier
les anecdotes, on n'enlèvera pas ceci de
la mémoire des hommes, qu'une assemblée, au milieu des dangers d'une coalition
européenne, de l'anarchie insurrection-
nelle, des conspirations monarchistes,
non seulement a pu trouver le temps de
penser à l'instruction du peuple, mais n'a
pas craint de mettre la main à l'œuvre,
sans argent pour bâtir les écoles, sans
argent pour payer les maîtres, assez con-
fiante dans l'avenir pour ne pas désespérer
du présent. Tout était à faire : comment
tout aurait-il été fait du jour au lendemain?

De nos jours, l'Eglise cherche à faire
croire qu'elle s'était vouée à l'instruction
du peuple, et que la Révolution l'a arrêtée
dans cette entreprise. Comment se fait-il
alors que l'influence politique de l'Eglise
puisse se mesurer, sous les divers gou-

vernements, par la pauvreté des budgets
de l'instruction publique ? Loin d'être
continus et annuels, le progrès de ces
budgets est subit ; il a lieu par bonds et
par sauts, en 1830, en 1848, en 1872.
Depuis cette époque, heureusement, cette
étrange anomalie a cessé, sauf pendant
une courte période de réaction. C'est de
28 à 116 millions que la République a porté
cette dépense éminemment nationale : et
cela malgré les désastres militaires et les
embarras financiers. La voix du pays a
été irrésistible.

Si l'Eglise est si zélée pour l'instruction
populaire, comment n'a-t-elle pas tout
particulièrement consacré ses soins aux
régions les plus catholiques, les plus
fidèles aux vieilles traditions religieuses
et politiques qui lui sont chères, à la
Vendée, à la Bretagne ? « La Vendée est
un des départements les moins civilisés
de la France : le quart au moins de ses
habitants ne sait ni lire ni écrire, ni même
parler français... Le Morbihan, dans toutes

les dernières statistiques de l'instruction primaire, occupe le dernier rang. C'est, de toute la France, le département qui fournit; et de beaucoup, la plus forte proportion d'illettrés parmi les conscrits. L'année dernière encore (1881), dans les parties rurales du département, plus de 60 pour cent des jeunes gens appelés à tirer au sort, déclaraient ne savoir ni lire, ni écrire, et la moyenne générale du département, en y comprenant même les villes, donnait encore au dernier recensement ce triste et significatif résultat : Sur 100 conjoints, 60 étaient absolument incapables de signer leur acte de mariage. » Par décrets du 4 mai 1882, le Morbihan a reçu 600,000 fr., et la Vendée un million pour création d'écoles. La chouannerie proteste, la France applaudit. Il est temps que l'Eglise réfléchisse. Son alliance avec les partis monarchiques a compromis l'autorité de sa parole. Le paysan continue à respecter, dans la religion chrétienne, la morale humaine ; mais il s'aperçoit tous

les jours qu'il est d'autres bienfaits que
ceux du catéchisme; son instinct de justice
est assez grand pour écouter, pour honorer
l'instituteur, sans insulter ni persécuter
le curé. Les causes perdues n'ont pas de
martyrs.

Dans la première partie de cet essai,
nous nous sommes efforcé de démontrer
l'insuffisance de l'initiative privée pour la
grande œuvre de l'instruction nationale.
Dans la seconde partie, nous avons fait
voir et l'incapacité réelle, et l'esprit inté-
ressé, et la mauvaise volonté notoire du
clergé catholique. Il nous reste à décrire
la méthode suivie par l'Etat, et les grands
résultats auxquels il est arrivé, non sans
des luttes opiniâtres, grâce à l'habileté
énergique et éloquente d'un ministre comme M. Jules Ferry, et au concours de tous
les bons citoyens.

TROISIÈME PARTIE

POINT DE VUE SOCIAL

L'Instruction publique doit être en har-
monie avec les institutions politiques de
la nation, avec son histoire et son esprit
général, avec les besoins distincts et les
vocations spéciales des classes dont elle
se compose; elle doit être à la fois très
conservatrice et très progressive, toujours
fidèle à ses principes et à sa mission, et
toujours en quête de nouveaux moyens, de
nouvelles idées et de nouvelles expériences.
Examinons ces divers points.

L'Etat despotique est ami de l'ignorance;
l'Etat aristocratique, de l'instruction res-
treinte à la classe supérieure; l'Etat démo-
cratique, de l'instruction commune à tous :
« Il sera créé et organisé, dit la Constitution de 1791, une instruction publique,

commune à tous les citoyens, gratuite à
l'égard des parties d'enseignement indispensables pour tous les hommes, et dont
les établissements seront distingués gra-
duellement, dans un rapport combiné avec
la division du royaume. » La communauté
et la gratuité de l'instruction primaire
résultant de l'égalité des citoyens devant
la loi, égalité qui serait dérisoire si la loi
était connue des uns et irrémédiablement
ignorée des autres. C'est seulement depuis
un demi-siècle, c'est-à-dire depuis la loi
Guizot, qu'a commencé l'organisation de
l'instruction primaire, dont se défiaient à
des titres différents le despotisme militaire
et la monarchie cléricale. Depuis lors, elle
s'est poursuivie parmi toutes sortes de
difficultés et de tergiversations. L'atti-
tude du clergé, non moins que le principe
de la liberté de conscience, a exigé que
l'instruction primaire fût *laïque*. Enfin,
comme à tout droit correspond un devoir,
au droit de recevoir l'instruction correspond pour le citoyen le devoir de la faire

donner à ses enfants ; l'instruction primaire est donc *obligatoire*.

Il a fallu les événements intérieurs et
extérieurs les plus graves, pour que ces
trois grands principes : Gratuité, Laïcité,
Obligation, fussent inscrits en tête de la
charte de l'instruction publique, qui est
aussi celle de la liberté et de la sécurité
nationales. Notre malheur et notre gloire
c'est que nos idées ont toujours été en
avance sur nos forces, nos lois sur nos
mœurs, nos institutions sur notre esprit
public. Nous marchons au progrès comme
à l'assaut d'une forteresse ; à peine atten-
dons-nous que la brèche soit praticable ;
le premier arrivé plante le drapeau, et
souvent tombe à côté ; les autres se pré-
cipitent, avancent avec hardiesse, re-
culent en désordre ; ils sont « plus que
des hommes dans la victoire, moins que
des femmes dans la défaite » ; ils s'en-
thousiasment, ils désespèrent ; ils ne
voient les obstacles qu'après les avoir
prématurément dépassés, et ils finissent

par où ils ne pourront sans doute jamais commencer : par le blocus régulier et mathématique de la place. Le suffrage universel ignorant et abusé aboutit à l'empire ; le suffrage universel éclairé d'abord par les leçons du malheur, ensuite par celles de l'école, affirme et consolide tous les jours la République. Le programme scolaire, sur ce point, dépasse même le programme politique, puisqu'il s'applique aux deux sexes. Au fond de presque toutes les questions qui nous divisent, se trouve le long esclavage intellectuel de la femme : son affranchissement progressif est une condition de presque toutes les réformes. Le peuple français , « assez riche pour payer sa gloire, » et, hélas ! pour payer la rançon de ses défaites et de ses fautes, le sera sans doute assez aussi pour assurer à tous ses enfants, avec le minimum d'instruction qui leur est dû, un avenir plus assuré, et une conscience plus nette de leurs devoirs envers la patrie. Il appar-

tenait à la République d'établir les procédés plus pratiques pour répandre partout les connaissances élémentaires. Elle
n'a pas voulu qu'une seule commune
dépourvue d'école pût alléguer sa pauvreté : l'admirable institution de la *Caisse
des Ecoles* n'est pas seulement un rouage
financier d'une simplicité et d'une précision parfaites, elle est elle-même une
école d'union et de solidarité nationales.
Elle permet, elle sollicite, elle encourage,
elle fructifie l'initiative communale. Elle
crée la fraternité des communes.

Le tort inévitable des premières institutions scolaires de la Révolution avait
été de s'inspirer trop exclusivement des
préoccupations du moment. Comment en
aurait-il été autrement ? Ne faut-il pas
primùm vivere, deindè philosophari. Nous
vivons politiquement ; nous pouvons phi-
losopher historiquement. En pleine Révolution, au milieu des passions et des
intérêts soulevés les uns contre les autres,
un seul sentiment devait dominer l'ensei-

gnement, celui qui remplissait tous les
esprits, la haine de l'ancien régime :
« Une nation obligée de renier son histoire, voilà, dit Edgar Quinet, le point de
départ de la Révolution (1). » C'est que
« les rois avaient aboli eux-mêmes tout
ce qui eût pu servir de transition aux
temps nouveaux ; la nation dut s'élancer
et se précipiter, au risque de faire périr
avec elle monarchie, clergé, tout « ce qui
la liait encore au passé. » Ce qui aurait
pu être une évolution fut donc une révolution. Il faut dans l'enseignement, non
altérer le caractère des faits, mais
renouer avec toute la délicatesse et la soli-
dité possibles la chaîne des temps passés
à celle des temps nouveaux. Il ne faut pas
dire avec E. Quinet : « Qu'importe au
peuple une histoire où il ne paraît jamais ?
Elle n'a qu'un personnage, le bon plaisir,
toujours debout, occupant, envahissant
la scène. » Le peuple aussi a son his-

(1) *La Révolution française*. Ch. I : les Vœux.

toire, qui est la vraie. Tout le monde a
dans la mémoire et dans le cœur le discours que M. Jules Ferry a prononcé
à la dernière réunion des Sociétés
savantes, et que l'on dirait animé de
l'âme même de la patrie. C'est avec
moins d'éloquence, mais avec le même
accent de sincérité émue, que notre grand
historien Augustin Thierry écrivait :
« Je ne sais si je me trompe, mais je crois
que notre patriotisme gagnerait beaucoup
en pureté et en fermeté si la connaissance
de l'histoire, et surtout de l'histoire de
France, se répandait plus généralement
chez nous et devenait en quelque sorte
populaire. En promenant nos regards sur
cette longue carrière, ouverte depuis tant
de siècles, où nous suivons nos pères et
où nous précédons nos enfants, nous
nous détacherions des querelles du
moment, des regrets d'ambition ou de parti,
des petites craintes et des petites espé-
rances ; nous aurions plus de sécurité,
plus de confiance dans l'avenir, si nous

savions tous que dans les temps les plus
difficiles, jamais la justice, la liberté
même n'ont manqué de défenseurs dans
ce pays (1). » Ce que Thierry disait à la
bourgeoisie M. Jules Ferry le traduit à
l'usage du peuple non seulement par des
paroles, mais par des actes.

De l'enseignement primaire à la haute
culture, la loi doit s'efforcer de ménager
le plus grand nombre de degrés qu'il est
possible. Il ne s'agit pas seulement de
faire face à la variété des aptitudes individuelles, à l'inégalité des fortunes, à la
diversité des vocations sociales. Il importe
aussi qu'il ne se forme pas, au profit de la
classe aisée, une prétendue aristocratie de
l'intelligence. Au moyen-âge, la théologie
était regardée comme supérieure à toutes
les sciences, parce qu'elle était comme
l'apanage du premier ordre de la société, le
clergé. Il ne faudrait pas que l'étude du
latin et du grec constituât une sorte

(1) *Histoire du Tiers-Etat.*

d'apanage bourgeois. Or, comme cette étude n'est pas à supprimer là où elle existe, comme, d'autre part, il n'est ni possible, ni désirable de la rendre populaire, le problème consistait à lui enlever peu à peu cette supériorité d'opinion qu'elle avait usurpée. La méthode suivie a été double.

Elle a consisté en premier lieu à introduire dans l'enseignement secondaire un grand nombre de matières qui sont en dehors des humanités proprement dites, ce qui a naturellement diminué leur importance relative, ou en tout cas profondément modifié l'idée que l'on s'en faisait généralement. Mathématiques, physique, sciences naturelles, histoire et géographie, philosophie, économie politique, connaissance de la littérature nationale, langues vivantes (allemand ou anglais), telles sont les connaissances qui font, ou sont supposées faire, un bachelier, non moins que l'explication d'un texte latin ou grec. L'étude du grec n'est vraiment poussée à fond que dans l'enseignement supérieur, elle n'est que très élémentaire dans les lycées. Quant au latin, on ne l'apprend plus pour l'écrire, mais pour le lire ; on *imite* moins Cicéron et Virgile, on les connaît davantage (1).

Le second moyen employé pour dépouiller l'enseignement secondaire de son caractère faussement aristocratique est d'élever l'enseignement primaire. L'enseignement primaire supérieur peut prendre au lycée tout le programme des matières directement assimilables par un jeune Français, sans l'intervention des langues mortes ; il en peut prendre aussi une partie plus ou moins considérable ; il peut être, suivant le besoin et le goût des populations, ici plus scientifique, là plus littéraire ; il peut même à la rigueur admettre ce qu'il faut de latin pour perfectionner la connaissance du français. Enfin, il peut avoir un caractère professionnel, c'est-à-

(1) Suppression de l'exercice du vers latin. Discours latin remplacé, au baccalauréat, par une composition française.

dire non pas préparé spécialement à tel ou
tel métier, à telle ou telle profession (*fit
fabricando faber*), mais d'une façon généra-
rale aux métiers et professions de l'industrie et du commerce : comptabilité, législa-
lation commerciale, dessin, géographie
économique, voilà par exemple des études
qui conviennent à l'ensemble des futurs
industriels ou commerçants. En comprenant cette organisation à types variés sous
le nom d'enseignement primaire supérieur,
nous avons beaucoup dépassé le sens que
l'on attache d'ordinaire à cette dernière
expression. C'est qu'en effet, ce serait là
un véritable dédoublement de l'enseignement secondaire, auquel il faudra venir
peu à peu, et qui n'a guère d'autre adver-
saire qu'une certaine vanité bourgeoise
ou une certaine routine administrative.

Le baccalauréat semble avoir remplacé,
aux yeux de bien des gens, le titre de noblesse. Il donne l'entrée de toutes les carrières dites libérales, de la majeure partie
des fonctions publiques. « Chez nous, où

tout le monde veut être bachelier, parce
qu'on n'est rien sans le baccalauréat, ce
ne sont pas les programmes de l'enseignement qui régissent l'examen ; c'est l'examen qui fait les programmes et qui s'impose au professeur comme une règle tyran-
nique et une limite infranchissable. Si, du
moins, le baccalauréat était vraiment un
certificat d'études secondaires ; si l'élève
qui a travaillé, qui a montré une certaine
bonne volonté et une certaine aptitude
savait qu'il y arrivera naturellement et
sûrement, et qu'il n'a qu'à suivre la
grande route pour parvenir au but !
« Mais, au nom de la liberté et de l'égalité il se voit jeté devant un jury qui lui
est inconnu et qui ne le connaît pas, qui
ignore son passé, qui n'a pas à tenir
compte de ses efforts et de ses titres à
l'estime ou à l'indulgence. Il est à la
merci d'une migraine, d'un sujet de composition mal choisi, d'un de ces hasards
malheureux, auxquels n'échappent pas
les meilleurs esprits, surtout quand ils

sont dépaysés et troublés : il tire un numéro à la loterie. »

Qui parle ainsi ? un universitaire, M. Pigeonneau, et non pas dans un article à sensation, mais dans une revue spéciale, dans le bulletin pédagogique d'enseignement secondaire (1). C'est dire combien l'Université est perfectible, combien elle aspire aux réformes sérieuses et durables. M. Pigeonneau propose, d'accord avec M. Bréal, « d'essayer le baccalauréat intérieur dans quelques grands lycées, de l'étendre peu à peu, et d'en faire la récompense de la bonne discipline, des études bien faites, des examens de passage sérieusement pratiqués, des perfectionnements apportés aux méthodes et aux installations scolaires. » On arriverait ainsi progressivement aux *certificats de maturité*, tels qu'ils sont délivrés en Allemagne dans les gymnases mêmes où est donné l'enseignement secondaire, « par

(1) Paris, (Paul Dupont). — 3ᵉ année, n° 8 (16 mars 1882).

une commission dè professeurs qui con-
naissent l'élève et qui lui sont connus,
sous la surveillance d'un commissaire du
gouvernement dont l'intervention garan-
tit la loyauté des épreuves et en maintient
le niveau. »

A cette réforme si simple, si désirable et si pratique, qui déchargerait
les Facultés d'un poids de plus en plus
écrasant, et qui rehausserait la mission
et la dignité du personnel des lycées, il
serait extrêmement facile d'en ajouter une
autre, par laquelle tous les établissements
d'instruction secondaire, quel que fût
leur caractère, que l'on y apprît ou non
du latin ou du grec, délivreraient des certificats analogues, dont quelques-uns
pourraient donner l'entrée des carrières
libérales ou des fonctions publiques.
N'avons-nous pas des hommes d'un grand
talent qui n'ont point eu les moyens de
faire des études classiques ? Le latin et
le grec sont-ils indispensables à l'étude
de la médecine ? Faut-il à tout prix savoir

faire une version latine pour devenir
officier sans passer par les rangs ? N'a-
t-on pas vu enfin des savants, des inven-
teurs dans certaines branches spéciales
des connaissances humaines, apprendre
le latin sur le tard, pour ne pas, disait
l'un d'eux, « se singulariser, » de même
que l'on voit aujourd'hui des latinistes
apprendre l'allemand, que de leur temps
on n'enseignait pas, ou que l'on enseignait
peu au lycée ?

L'internat de la grande majorité des
élèves a été jusqu'ici une des nécessités
de l'enseignement secondaire en France.
Il est sévèrement jugé, et à l'étranger et
chez nous. Les ennemis de l'Université
aiment à lui opposer le régime plus intime
et plus familial de maisons d'éducation
dirigées par les prêtres ; ils ne nous par-
lent pas du prix auquel ces douceurs sont
trop souvent achetées. Mais les amis de
l'Université eux-mêmes protestent contre
« ces grandes agglomérations scolaires,
aussi funestes à la santé de l'esprit qu'à

celle du corps (1). »¦Ils réprouvent « cette
discipline à la fois monastique et militaire » comme un legs funeste du jésuitisme et de l'empire. « L'Université n'a pas
fait l'internat, elle l'a subi. Ce n'est pas
une œuvre scolaire, c'est une œuvre
politique. S'emparer de la jeunesse intel-
ligente, la façonner à sa guise, préparer
pour l'avenir des générations d'officiers,
de fonctionnaires, de législateurs dociles,
de savants respectueux et d'écrivains
dynastiques, tel fut le but de Napoléon Ier
quand il fit de l'internat la règle universitaire (2). Les gouvernements qui lui ont
succédé l'ont imité, les uns par routine,
les autres en connaissance de cause.
L'enseignement clérical est venu à son
tour perfectionner et exploiter contre la

---

(1) Cf. de Laprade, l'*Education homicide :* titre
à effet, ouvrage violent, qui peint l'internat
comme certains romanciers peignent la bourgeoisie française. Cf. surtout M. Bréal, *Excur-*
sions pédagogiques.

(2) La loi organique du 10 mai 1806 appliquait
même cette règle à la corporation des professeurs,
qui sauf exception devaient être célibataires.

société moderne les procédés qu'elle avait emprunté aux anciens collèges de Jésuites. Toutes nos traditions et toutes nos habitudes ne se prêtaient que trop à ce régime commode qui nous permet de nous décharger sur l'Etat ou sur l'Eglise de nos devoirs de pères de famille (1) ». Quels sont les remèdes proposés, déjà même en partie appliqués à cet état de choses ?

Il ne peut être question de supprimer l'internat du jour au lendemain : il est dans les mœurs, malgré les innombrables critiques sous lesquelles il semble qu'il aurait dû déjà succomber. L'Allemagne, la Suisse, ont le régime tutorial ; l'enfant n'y est pas comme un orphelin vivant parmi d'autres orphelins. Sa famille s'arrange pour le faire admettre dans une autre famille qui lui fournit, avec la table et le logement, le milieu qui lui est naturel ; elle exerce sur lui la surveillance morale

_____

(1) *Bulletin pédagogique*, etc., article cité de M. Pigeonneau.

dont il a autant besoin que d'instruction.
Ce sont généralement des pasteurs ou des
professeurs mariés qui acceptent ces déli-
cates fonctions. En France, ce régime est
une exception, un luxe qui n'est guère à
la portée que des familles très riches. Il
est à croire qu'il aurait pu se développer
davantage sans l'internat, qui attire par
le bas prix, par une certaine sécurité
matérielle, peut-être aussi par l'ascendant
de toute institution d'Etat. Cependant de
bons esprits affirment que la famille française s'ouvre difficilement devant un étranger ; que la responsabilité est trop grande,
qu'il est impossible de ne pas faire de dif-
férence entre les enfants des autres et
nos propres enfants, et qu'il y aurait des
jalousies de part et d'autre ; autre danger
s'il y a des filles : les relations des deux
sexes prennent trop vite chez nous un
caractère de galanterie et de sensua-
lité (1). Tout compte fait, il semble qu'une

(1) La chose est parfaitement exacte pour toute
la région méridionale de Bordeaux à Marseille...

famille honorable, unie, n'ayant rien à cacher, peut aisément recevoir chez elle un enfant jusqu'à l'âge de quatorze ou quinze ans. Mais les études secondaires durent trois ou quatre ans de plus. Là est, je pense, le nœud de la difficulté. En reportant à l'enseignement supérieur une partie des matières de rhétorique, de philosophie, de mathématiques spéciales, on rendrait infiniment plus acceptable, en France, le régime tutorial. L'internat pourrait commencer au moment où l'enfant a pris le goût de l'étude, a choisi une carrière et prépare ses premiers examens. Comme il comporterait de bien moindres agglomérations, il serait à la fois plus moral et plus supportable.

Les autres réformes en cours d'exécution et qui peuvent alléger « ce boulet que notre enseignement secondaire traîne au pied, » sont : 1° la multiplication des centres scolaires, qui permettra de ne pas dépasser un chiffre de population raisonnable ; 2° la création de petits lycées

(classes inférieures| jusqu'à la quatrième)
et même de grands lycées en pleine cam-
pagne, et dans des conditions d'hygiène
que les Anglais devraient nous apprendre
à apprécier ; 3° le choix de maîtres
d'études plus âgés, plus instruits, plus
autorisés, qui ne seraient pas seulement
des surveillants ennuyés et ennuyeux,
mais de véritables *précepteurs*, présidant
à l'éducation, collaborant avec les professeurs. C'est à cette réforme fondamentale
qu'il faudrait tout sabordonner. La masse
des écoliers déteste ou méprise les jeunes
gens qui les gouvernent: les meilleurs
maîtres d'étude inspireront aux meilleurs
écoliers plutôt encore de la pitié que de
l'estime. De tels sentiments sont en opposition flagrante avec le progrès moral et
intellectuel de la jeunesse.

L'enseignement supérieur est comme la
clé de voûte de l'Université. Facultés de
droit, de médecine, de sciences et de
lettres, ce sont en même temps les labora-
toires de la haute culture, et les écoles

non plus de l'enfant, mais de l'homme et du professeur. Les facultés de droit et de médecine attirent la partie la plus riche de la jeunesse française ; celles de sciences et de lettres ne mènent qu'à la carrière longtemps ingrate de l'enseignement. Sans l'heureuse création des bourses de licence et d'agrégation, elles en seraient encore à n'avoir pour ainsi dire pas d'élèves.

La *leçon magistrale* était devenue une conférence oratoire, mise à la portée d'un public la plupart du temps oisif et insuffisamment préparé. Un tel enseignement n'était supérieur que par le talent de ses maîtres, et non par ses fruits. A l'heure qu'il est, une vie nouvelle anime les Facultés des lettres et des sciences. « On ne se borne pas à entretenir les élèves des résultats de la science faite et vulgarisée. On leur apprend à remonter aux sources, à démêler les ressorts des langues, à s'élever à la conception des méthodes. Il y a douze ans, la création du premier laboratoire des recherches scientifiques, celui

de Sainte-Claire Deville, étonnait les esprits superficiels : en voyant s'élever au
milieu de la Sorbonne des cheminées
d'usine, on traitait l'Ecole des hautes
études d'école des hauts-fourneaux. Nul
ne s'étonne aujourd'hui qu'on ne conçoive
plus un enseignement de la littérature
française dans un cours d'histoire des
textes et un cours d'histoire de la langue,
ni un enseignement de l'histoire sans un
cours de paléographie, de diplomatique et
de chronologie. Les lettres, comme les
sciences, veulent avoir leurs instruments
de précision. »

C'est principalement à Paris que les
résultats ont été rapides, et le progrès
merveilleux : « En ce moment les conférences sont au nombre de 21, 11 pour les
sciences, 10 pour les lettres ; les auditeurs
au nombre de 825 : 495 pour les sciences,
330 pour les lettres... A ne considérer que
les boursiers, parmi les candidats qui sont
arrivés à la licence au cours de l'année
scolaire nous en comptons dans les lettres

7 sur 12 en 1879, 9 sur 24 en 1880, 15 sur
29 en 1881 ; dans les sciences, 9 sur 26 en
1879, 11 sur 27 en 1880, 18 sur 34 en 1881.
Les conférences d'agrégation ont également
ment porté leurs fruits : 26 de nos élèves,
tant boursiers qu'auditeurs libres, ont été
admissibles, et 17 admis dont 2 au premier rang, l'un dans les langues vivantes
et l'autre en philosophie. Tels ont été les
élans de bonne volonté qui ont suivi ces
premiers succès que le nombre des bour-
sieurs a dû être porté, pour la licence,
dans les lettres à 32, dans les sciences à
38 ; pour l'agrégation, dans les sciences à
11 au lieu de 5, dans les lettres, à 30 au
lieu de 11 (1). »

L'ancienne licence ès lettres, qui n'était
qu'une sorte de baccalauréat superieur
restreint aux humanités, a fait place à côté
d'elle à la licence historique et à la licence
philosophique qui n'excluent pas, qui récla-

_____

(1) Rapport de M. Gréard, vice-recteur de l'Aca-
démie de Paris, au conseil académique, sur la
situation de l'enseignement supérieur en 1881.

ment au contraire, mais dans une vue spéciale et scientifique, la connaissance des langues anciennes. Cette heureuse innovation rapproche les diverses licences des diverses agrégations auxquelles elles correspondent ; elle sollicite d'autre part les étudiants en droit, en administration, et même les jeunes gens de familles riches, qui n'ont en vue aucune carrière (1), à conquérir un grade honorable, dont le vers latin ou le thème grec les écartait naguère.

Le gouvernement et le pays sont entraînés par le même mouvement de progrès et de confiance. La République s'est souvenue de la conduite de l'Université après le deux décembre. Le corps enseignant a cessé d'être une *administration d'enseignement* suspectée dans sa conduite, dans ses opinions et « sur le dos de laquelle l'Etat et l'Eglise faisaient tour à tour la paix ou la guerre. » Elle est de-

---

(1) On sait combien, dans cette catégorie, font leur droit sans aucune intention d'exercer le métier d'avocat.

venue, après les grands corps de l'Etat,
la première des institutions républicaines.
Elle nomme ses délégués au Conseil
supérieur, dans les conseils académiques;
elle a ses assemblées de professeurs. Respectueuse de notre organisation politique,
elle ne demande pas d'autre liberté que
celle de faire entendre ses conseils, de
donner son avis scrupuleusement désin-
téressé sur les programmes, sur les
méthodes, sur la discipline de l'enseignement, de faire bénéficier tous les jours le
pays de l'expérience que donne seule la
pratique. L'esprit de corps n'est pas chez
elle un esprit d'opposition. Elle est recon-
naissante de la place qui lui est faite
bien moins pour elle que pour la France.
Elle ne se complaît pas en elle-même; il
n'est pas une critique juste qu'elle ne se
soit la première adressée, dans les livres
que publient, dans les revues ou bulletins
que rédigent ses membres les plus distingués. Elle ne se déclare pas impeccable
et infaillible comme l'Eglise, parfaite

comme la magistrature française ; gar-
dienne du passé, elle ne maudit pas le
présent, elle ne désespère pas de l'avenir:
c'est qu'elle en demeure la meilleure et la
plus solide espérance ; c'est autour d'elle
qu'après nos hontes nationales, qu'après
nos désastres militaires, se serrent avec
empressement et confiance, nos jeunes
générations.

FIN

Paris. — Imp. Debuisson et Cᵉ, rue Coq-Héron, 5.

www.ingramcontent.com/pod-product-compliance
Lightning Source LLC
Chambersburg PA
CBHW070915280326
41934CB00008B/1727